AF454829

VENTE

HOTEL DROUOT — SALLE N° 11

Le Jeudi 1er Février 1906

A 2 HEURES

Meubles de Styles

RENAISSANCE ET XVIIIe SIECLE

MARBRES, BRONZES, TERRES CUITES

Tableaux Anciens et Modernes

TAPISSERIES, TAPIS

Me F. LAIR-DUBREUIL
COMMISSAIRE-PRISEUR
6, Rue de Hanovre, 6

M. Arthur BLOCHE
EXPERT PRÈS LA COUR D'APPEL
51, Rue Saint-Georges, 51

EXPOSITION PUBLIQUE

Le Mercredi 31 Janvier 1906, de 2 heures à 6 heures

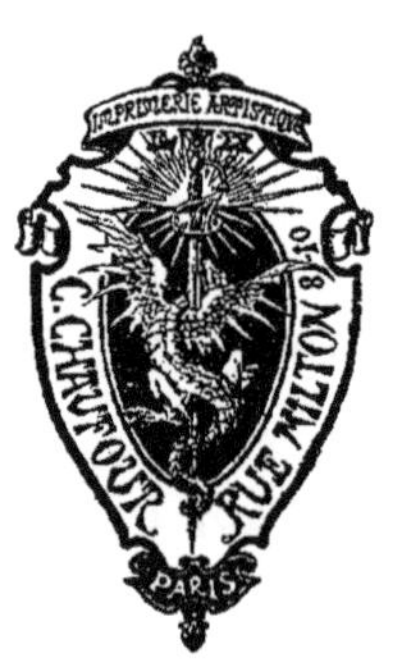
IMPRIMERIE ARTISTIQUE
C. CHAUTOUR
RUE MILTON 8 et 10
PARIS

CONDITIONS DE LA VENTE

La vente sera faite expressément au comptant.

Les acquéreurs paieront 10 o/o en sus des enchères.

L'exposition mettant le public à même de se rendre compte de l'état et de la nature des objets, etc., compris dans ce catalogue, aucune réclamation ne sera admise une fois l'adjudication prononcée.

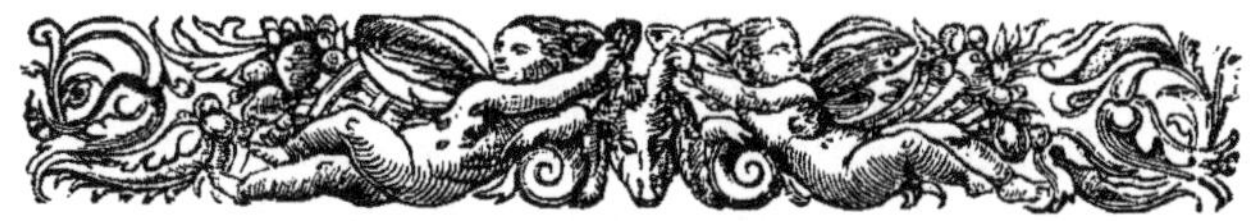

DÉSIGNATION

MEUBLES

1 — Belle salle à manger de style Renaissance en noyer sculpté, composée : d'un grand buffet à deux corps, celui du haut, supporté par des colonnettes, s'ouvre dans le milieu à deux petites portes décorées de figurines de page et de châtelaine, avec niches sur les côtés, le bas s'ouvre à quatre petites portes, celles du milieu ornées de têtes de personnages en ronde-bosse au milieu d'ornements; d'une desserte de même travail; d'une table avec rallonges et de douze chaises couvertes en tapisserie au point à personnages et animaux dans des paysages. De la maison Girard-Pecheux.

2 — Ecran Louis XIV en bois sculpté et doré à rinceaux feuillagés et fleuris, feuille en ancienne tapisserie d'après Berain, offrant sur un fond jaune une cariatide de petit personnage sous un baldaquin, au milieu de rinceaux et guirlandes de fleurs.

3 — Jolie petite commode de style Louis XV, s'ouvrant à quatre tiroirs, de forme ventrue et contournée, décor vernis Martin à jeux d'amours sur fond d'or, ornée de bronzes ciselés et dorés à rocailles, dessus en marbre brèche.

4 — Table de salon de style Louis XIV en bois sculpté et doré, bandeau ajouré à coquille et rinceaux feuillagés, posant sur quatre pieds balustres reliés par une entrejambe, dessus en marbre vert.

5 — Petite table ovale de style Louis XVI en bois sculpté et doré, offrant au bandeau, au milieu de médaillons, deux miniatures à têtes de femmes, dessus en marbre vert clair veiné.

6 — Petite table de style Louis XV en bois sculpté et doré à rocailles, dessus en marbre rouge veiné.

7 — Grande toilette de style Louis XVI en bois sculpté et laqué blanc, le haut surmonté d'une glace, encadrement en bois sculpté, montants à colonnettes, dessus en onyx.

8 — Psyché de même travail en bois sculpté et laqué blanc, montants à colonnettes cannelées.

9 — Toilette en pitchpin, dessus en marbre blanc.

10 — Petite chaise chauffeuse en bois doré, dessus en satin jaune.

11 — Casier à musique en bois noir.

12 — Lot de baguettes et frontons pour encadrement de baie et décors de croisées, en bois sculpté et doré. Style Louis XIV.

13 — Paravent-triptyque en bois sculpté laqué blanc et or, dessin à rocailles, garni de soie blanche brochée à fleurs et festons. Style Louis XV.

14 — Petit fauteuil en bois sculpté et laqué blanc et or, couvert en même étoffe. Style Louis XV.

15 — Guéridon de forme contournée en bois noir décoré d'une incrustation de cuivre et de nacre, entourage et chutes en bronze ciselé et doré.

16 — Petite étagère en bois noir sculpté et ajouré. Travail du Japon.

17 — Petit meuble à compartiments et étagère en bois noir sculpté. Travail du Japon.

18 — Petite console en bois sculpté et doré, bandeau ajouré à tores de laurier et nœuds de rubans, dessus en marbre gris du Languedoc.

19 — Petite glace d'entre-deux de style Louis XVI en bois sculpté et doré à rais de cœur et rubans enroulés, fronton à trophée de torches et carquois au milieu d'un nœud de ruban.

20 — Vitrine hollandaise à deux corps en marqueterie de bois à fleurs.

21 — Vitrine bombée en acajou et filets de cuivre. Style Louis XVI.

22 — Table rognon Louis XV en marqueterie de bois avec tablette d'entrejambe.

23 — Guéridon en bronze doré.

24 — Chiffonnier en marqueterie de bois. Style Louis XVI.

25 — Trumeau Louis XVI.

26 — Petit bureau à étagère de style Louis XVI, orné de peintures genre vernis Martin à scènes galantes.

27 — Salle à manger en acajou orné de bronzes dorés, composée d'un buffet s'ouvrant dans le haut à une porte ornée de petits carreaux biseautés, d'une desserte, d'une table et de dix chaises foncées de canne.

28 — Meuble de salon de style Premier Empire en acajou orné de bronzes, accotoirs supportés par des sphinx ailés en bronze doré, couvert en étoffe fond rouge, dessin jaune à couronnes; il se compose d'un canapé, deux fauteuils et deux chaises.

29 — Chambre à coucher de style Louis XVI, en acajou orné de moulures et de filets de cuivre composée d'un grand lit de milieu, d'une

armoire à glaces s'ouvrant à trois portes, et d'une table de nuit.

30 — Lit breton en bois sculpté.

31 — Petite vitrine en noyer sculpté garnie de glaces biseautées. Style Louis XVI

32 — Ecran en noyer sculpté feuille en tapisserie.

33 — Ecran en noyer et filets dorés feuille en soie blanche brochée à fleurs.

34 — Console en bois sculpté et doré dessus de marbre blanc. Style Régence.

35 — Deux guéridons en bois peint blanc. Style Louis XVI.

36 — Banquette en bois laqué blanc garnie en soie brochée à fleurs. Style Louis XVI.

37 — Chaise légère en bois peint blanc garnie de canne. Style Louis XV.

38 — Secrétaire en bois de rose et marqueterie, dessus de marbre gris. Epoque Louis XVI.

39 — Bureau bonheur-du-jour à cylindre en acajou et cuivres, dessus de marbre blanc. Epoque Louis XVI.

40 — Deux fauteuils, quatre chaises en bois noir, garnis de drap rouge.

41 — Canapé en chêne sculpté garni en velours vert.

42 — Servante en noyer.

43 — Quatre chaises à hauts dossiers garnies en cuir et cloutées de cuivre.

OBJETS D'ART

44 — Groupe important en terre cuite : la Ronde à Priape. Œuvre de Carrier-Belleuse.

45 — Statuette en bronze : Ondine, signée Auguste Moreau, socle en marbre vert de mer.

46 — Statuette en marbre : La petite Ecolière, signée Cipriani, sur gaine en noyer sculpté et offrant sur le devant une coquille surmontée d'un mascaron à tête de femme.

47 — Buste en terre cuite : Velléda, signé Carrier-Belleuse.

48 — Paire de torchères à cinq lumières en bronze du Japon, posant sur trépied, tige ornée d'un dragon enroulé.

49 — Coffret tirelire en bois sculpté portant la date 1552.

50 — Paire de colonnes en stuc avec bases et chapiteaux en marbre.

51 — Paire de potiches en porcelaine de Chine, décor à sujets guerriers.

52 — Brûle-parfums en bronze doré du Tonkin, décoré de personnages et de fruits en relief.

53 — Vase en bronze doré du Tonkin, décoré de branches de fleurs et d'oiseaux.

54 — Vase sur socle en porcelaine de Furstenberg, décor à rehauts d'or avec médaillon : la Vierge et l'Enfant.

55 — Paire de grands chenets de style Louis XIII en cuivre ciselé surmontés de boules à décor ajouré.

56 — Paire de chenets de style Louis XVI en bronze ciselé et doré casolette et brûle-parfums sur balustrade reliés par des tores de laurier.

57 — Petite papeterie en laque du Japon décorée d'éventails.

58 — Deux statuettes en bronze : Mercure et Renommée, socles en marbre garnis de bronzes.

59 — Groupe en marbre : Le Sommeil de Vénus, de C. Véron.

60 — Groupe en terre cuite : La Tempérance, de Maubach.

61 — Lion en marbre, XVIe siècle.

62 — Deux petits seaux en faïence de Nevers, décor en bleu sur blanc.

63 — Deux grands vases en poterie du Japon, décorés de personnages, fonds blanc et vert à rehauts d'or.

64 — Vase en albâtre oriental.

65 — Deux casques en laque du Japon décor d'or et d'argent.

66 — Girandole de style Louis XIII à six lumières en bronze ciselé et doré.

67 — Tambour, caisse ornée de fleurs de lys et de médaillons représentant des cavaliers.

68 — Plat ancien en faïence hispano-arabe.

69 — Eléphant en porcelaine blanche sur terrassement en bronze doré.

70 — Petit buste de femme en albâtre.

71 — Deux boites à épices en bois sculpté. Travail provençal.

72 — Petit buffet normand en bois sculpté.

73 — Quatre cornes d'abondance en bois sculpté.

74-75 — Deux lustres en cristal ancien.

76 — Deux beurriers, forme oiseaux en terre émaillée.

77 — Deux soupières avec plateaux à décor de fleurs en faïence de Ginori.

78 — Tasse en porcelaine de Locré, une saucière en faïence de Strasbourg et un socle en lapis lazuli.

79 — Deux vases en porcelaine de Chine.

80 — Deux vases en craquelé de Chine, montures en bronze doré.

81 — Deux bouteilles en porcelaine de Chine polychrome.

82 — Deux cachepots en porcelaine, décor à fleurs. Compagnie des Indes.

83 — Deux brûle-parfums en porcelaine blanche de Berlin.

84 — Deux petits vases à anses en porcelaine de Berlin.

85 — Deux petits oiseaux sous un arbuste avec fleurs en porcelaine de Saxe. Terrassements en bronze doré.

86 — Deux porte-bouquets cylindriques en verre teinté.

87 — Bouteille en verre de Venise gravé.

88 — Grand flacon en cristal taillé renfermant un tisserand à son métier en ivoire.

89 — Pendule surmontée d'une statuette de femme assise jouant de la lyre, en bronze. Premier Empire.

90 — Grand lustre en bronze ciselé et doré, à trente lumières, modèle à rinceaux feuillagés.

91 — Pendule d'applique Louis XV avec son socle en bois peint rouge.

92 — Lustre de style Louis XVI en bronze doré et perles facetées à onze lumières, préparé pour l'électricité.

93 — Lustre d'antichambre en bronze doré, art nouveau à trois lumières électriques.

94 — Grand vase en terre cuite polychromée décor aux pavots, avec figurine de femme sur le coté.

95 — Deux colonnes en marbre, avec bases et chapiteaux.

96 — Vase en majolique persane.

97 — Grand vase en majolique persane dessin polychrome sur fond blanc.

98 — Coffret à bijoux en porcelaine d'Allemagne, décor marine.

99 — Garniture de cheminée, composée d'un groupe en bronze et de deux candélabres, socles en marbre.

OBJETS DE VITRINE

100 — Quatre miniatures persanes, cadres en cuivre.

101 — Cinq miniatures diverses.

102 — Reliquaire en argent ciselé et doré XVIIe siècle.

103 — Vingt-quatre boutons anciens. en filigrane d'argent.

104 — Éventail Louis XVI, feuille à pastorale.

105 — Tête d'enfant en argent repoussé.

106 — Tabatière en or ciselé.

107 — Bonbonnière en or émaillé.

108 — Légumier avec couvercle en argent. Modèle Louis XV.

109 — Bonbonnière ronde en porcelaine décorée.

110 — Peinture sur émail portrait de Louis XIV. Cadre ciselé et argenté.

111 — Miniature ovale portrait de femme Louis XVI. Cadre en cuivre ajouré.

112 — Corne en ivoire sculpté. Travail indien.

113 — Cinq groupes en pierre de lard.

TABLEAUX

PASTELS, GRAVURES

114 — BENAZECK (D'après). La séparation de Louis XVI avec sa famille. Gravure par SCHIAVONETTI.

115 — BERTHOD. Vaches au paturage.

116 — BLUM (MAURICE). Jeune femme blonde en costume Louis XV.

117 — BOUCHER (D'après). La femme au manchon. Pastel.

118 — CARESME (D'aprés). Nymphes et Amour buvant. Belle gravure en couleur.

119 — CARRIER BELLEUSE (LOUIS). Une rue de Paris le matin.

120 — CARRIER BELLEUSE (LOUIS). Le raccommodeur de bâches.

121 — COOPER (T. S. 1854). Intérieur de bergerie.

122 — CLAUDE LORRAIN (Ecole de). Ville forte au bord de la mer animée de grands bâtiments.

123 — DIÉTRICH. La partie de cartes.

124 — GEGERFELT. Les Marais.

125 — GÉRICAULT (Attribué à). Le Cuirassier blessé.

126 — LANGLOIS (JACQUES). Portrait de femme au voile bleu.

127 — LERY (JEAN). Le Pont-Neuf.

128 — LERY (JEAN). Jardin du Luxembourg.

129 — LE CLERC (D'après). Portrait de femme Louis XV. Gravure à la sanguine de BONNET.

130 — MURILLO (Ecole de). Saint-Jean.

131 — PALAMÈDE (Attribué à). Le bal masqué. Composition de nombreux personnages. Cadre en bois sculpté et doré.

132 — RIGAUD (Ecole de). Portrait d'homme en armure avec le grand cordon de Saint-Louis. Cadre bois sculpté et doré.

133 — RUBENS (Ecole de). Le Triomphe de la religion.

134 — SCHALL (D'après). Les Espiègles. Gravure en couleur.

135 — TRINQUESSE (Attribué à). Portrait d'homme à perruque.

136 — VANDAEL. Vase de fleurs. Aquarelle avec autographe de l'artiste au revers.

137 — VAN LOO (Attribué à). Chez la Sultane.

138 — ECOLE FRANÇAISE XVIIIe SIÈCLE Portrait de dame de la cour représentée de profil coiffure haute à la poudre avec petite coiffe enrubannée, en robe blanche garnie de fourrure.

139 — ECOLE HOLLANDAISE. Portraits d'homme et de femme. Deux pendants.

140 — ECOLE ITALIENNE. Portrait d'un grand prêtre tenant un encensoir.

141 — ECOLE ITALIENNE. La Madone en prière.

142 — ÉCOLE DU XVIIIe SIÈCLE. La déclaration d'un bacchant à une nymphe.

143 — ECOLE DU XVIIIe SIÈCLE. Grand portrait de gentilhomme représenté de face en habit violet et gilet de satin blanc brodé d'or.

144 — Gravure en couleur. Bonaparte.

145 — Deux pièces en couleurs : Portraits de femmes, cadres en bois sculpté et doré.

TAPISSERIES — TAPIS

146 — Tapisserie à sujet pastoral. Epoque Louis XV.

147 — Tapisserie ancienne à sujets. Époque Renaissance.

148 — Grand tapis d'Aubusson fond vert orné au centre d'un médaillon entourage à guirlandes de fleurs et rinceaux.

4 m. 20 × 3 m. 40

149 — Grand tapis d'Aubusson fond rouge, décoré au centre d'un médaillon et de semis de fleurs, entourage à rinceaux et guirlande.

5 m. × 5 m.

150 — Lot de rideaux en velours rouge avec bandes de tapisseries.

151 — Lot de tapis moquette.

152 — Grand tapis moquette rouge.

153 — Tapis fond rouge dessin polychrome.

154 — Objets omis.

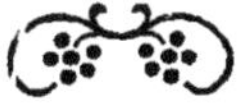

www.ingramcontent.com/pod-product-compliance
Ingram Content Group UK Ltd.
Pitfield, Milton Keynes, MK11 3LW, UK
UKHW021042260726
13994UKWH00005B/2309